# Una casa limpia para Topo y Ratón

Originally published as: *A Clean House for Mole and Mouse*



Text copyright © 1988 by Harriet Ziefert.
Illustrations copyright © 1988 by David Prebenna.
Spanish translation © 1994 by Scholastic Inc.
All rights reserved. Published by Scholastic Inc., 555 Broadway,
New York, NY 10012, by arrangement with
Viking Penguin, a division of Penguin Books, USA Inc.
Printed in the U.S.A.
ISBN 0-590-29598-5 (meets NASTA specifications)

8  9  10      24      02  01  00

# Una casa limpia para Topo y Ratón

Harriet Ziefert
Ilustraciones de David Prebenna

SCHOLASTIC INC.
New York   Toronto   London   Auckland   Sydney

—Nuestra casa es muy
bonita —dijo Ratón—.
Pero está muy sucia.
¡Vamos a limpiarla!

—Muy bien —dijo Topo—.
¡Manos a la obra!

Topo y Ratón limpiaron
el dormitorio.

¡Y el dormitorio
quedó impecable!

# Limpiaron el cuarto de baño.

¡Y el cuarto de baño
quedó impecable!

Limpiaron la sala de estar.

¡Y la sala de estar
quedó impecable!

Limpiaron la cocina.

¡Y la cocina
quedó impecable!

—Estoy cansado de tanto limpiar —dijo Topo.

—Pero si casi hemos
acabado —insistió Ratón—.

Si *tú* limpias las ventanas,
yo limpiaré el piso,
entonces...

# ... ¡todo estará limpio!

—Tengo hambre
—dijo Topo—.
Voy a cocinar.

—Pero vas a ensuciar
la cocina —señaló Ratón—.
Y la acabo de limpiar.

—Bueno pues, tomaré
un baño —dijo Topo.

—Pero vas a ensuciar la
bañera —le contestó Ratón—.
Y la acabo de lavar.

—Pues tomaré una
siesta —dijo Topo.

—¡No, no! —gritó Ratón—.
Acabo de tender la cama.

—¿Qué es lo que puedo
hacer si todo está tan
limpio? —preguntó Topo.

—Puedes salir afuera
—replicó Ratón—.

Puedes darte una ducha.

Puedes dormir una siesta.

# ¡Y podemos hacer un picnic fantástico!

¡Y cuando entremos,
la casa estará todavía limpia!